Kerzen verzieren

Ob Taufe, Kommunion, Konfirmation oder Hochzeit – zu jedem dieser Anlässe gehört eine besondere Kerze, die während der Feier in der Kirche entzündet wird und dieses Fest begleitet. Das Psalmwort: „Du bist meinem Fuß eine Leuchte und ein Licht auf meinem Wege" bezeichnet die Symbolik dieser Kerzen im christlichen Leben.

Passend zu vielen Anlässen zeigen wir Ihnen in diesem Buch, wie Sie Kerzen individuell selbst gestalten können. Dank der genauen Anleitung gelingt es auch Anfängern, eine aparte Kerze zu kreieren.

Viel Spaß beim Gestalten wünschen Ihnen.

Annette Kunkel

Natalie Kunkel

D1653150

Die Motive lassen sich in folgende Schwierigkeitsgrade unterteilen:
● ○ ○ einfach   ● ● ○ etwas schwieriger   ● ● ○ anspruchsvoll

IHRE GRUNDAUSSTATTUNG

Diese Hilfsmittel werden häufig verwendet, Sie sollten Sie zur Hand haben, denn sie werden in den Materiallisten nicht gesondert aufgeführt:

- Cutter mit Schneideunterlage
- Nadel
- Lineal
- Transparentpapier
- Bleistift
- verschiedene Pinsel
- Schere
- Küchenschwamm
- Stickerschriftzüge, Buchstaben und Zahlen aus Wachs (Kerzen beschriften)

Materialkunde

▶ Neben den klassischen runden Kerzen gibt es inzwischen die verschiedensten, ausgefallenen Formen. Diese sind ein besonderer Blickfang und lassen sich durch die oft flache und breite Gestaltungsfläche sehr schön verzieren. Man sollte allerdings bedenken, dass eine Kerze immer in einem bestimmten Radius rund um den Docht abbrennt. Bei einer ausgefallenen Kerzenform ist es dann so, dass die Kerze nur um den Dochtbereich abbrennt.

▶ Achten Sie beim Kauf auf jeden Fall auf eine hochwertige Qualität. Sie zeichnet sich durch eine lange Brenndauer aus.

▶ Wachsplatten gibt es in großer Farbauswahl in Uni oder mit Folienbeschichtung in Metallic-Hochglanz.

▶ Wachszierstreifen gibt es in verschiedenen Breiten in flacher und in runder Ausführung.

▶ Für Aufschriften wie Namen und Daten gibt es fertige Buchstaben und Ziffern aus Wachs oder Klebeschriften. Außerdem bietet der Handel Spezialfolien in Gold oder Silber an, die sich zum „Durchdrücken" von Schriftzügen eignen. Diese werden auf die Kerze gelegt. Durch Beschreiben der Rückseite mit einem Kugelschreiber werden die Schriftzüge übertragen.

▶ Schriftzüge kann man entweder auf der Vorderseite integrieren oder auf der Rückseite anbringen. Schlichte Gestaltungsmotive kann man wirkungsvoll mit Schriftzügen ergänzen. Für lange Namen ist oft kein Platz auf der Vorderseite oder aufwändige Motive werden optisch durch einen zusätzlichen Schriftzug zerstört.

▶ Gerade bei Hochzeiten werden gerne weltliche Symbole oder romantische Motive für die Kerzengestaltung gewählt. Wer auf ein religiöses Symbol nicht verzichten will, kann ein schlichtes Kreuz aus Zierwachsstreifen auf der Rückseite anbringen.

So wird's gemacht

Übertragen und ausschneiden

1 Die Motive mit einem Transparentpapier vom Vorlagenbogen abpausen, grob ausschneiden und auf einen Fotokartonrest aufkleben. Dann wird das Motiv exakt ausgeschnitten. Die entstandene Schablone auf die Wachsplatte legen und mit einem Cutter – oder bei filigranen Motiven mit einer Nadel – umfahren.

2 Bei geradlinigen Kanten kann man zum Ausschneiden den Cutter an ein Lineal anlegen. Zum Übertragen von Konturen auf die Kerze oder die Wachsplatte die Vorlage mit Bleistift auf Transparentpapier pausen. Die Kopie mit der Bleistiftlinie nach unten auf der Kerze oder auf der Wachsplatte befestigen, und mit einem Wattestäbchen über die Linien reiben um die Bleistiftzeichnung zu übertragen.

3 Zum Fertigen von Negativschablonen für die Hintergrundgestaltung wird das Motiv aus Selbstklebefolie herausgeschnitten.

Motivhintergründe gestalten

1 Einige Motivhintergründe und Wachsplatten sind mit Acrylfarbe gestaltet worden. Dazu wird die Acrylfarbe zum gleichen Teil mit Kerzenmalmedium gemischt und mit einem feuchten Schwamm aufgetragen. Man verwendet dafür einfache Spülschwämmchen, die in der gewünschten Größe zurechtgeschnitten werden.

2 Eine kleine Menge verdünnte Farbe auf eine bereit gelegte Folie auftragen, die Farbe mit dem Schwamm aufnehmen und auf die gewünschte Stelle auftupfen. Nach dem Trocknen kann der Vorgang mit einer weiteren Farbe wiederholt werden. Immer mit der hellsten Farbe beginnen.

Wachsmotive fixieren

▶ Die ausgeschnittenen Wachsplattenmotive mit Handwärme auf der Kerze anbringen.

▶ Bei der Verarbeitung ist die Raumtemperatur von großer Bedeutung. Bei Kälte haftet das Wachs nicht auf der Kerze und bei zuviel Wärme klebt es an den Händen.

▶ Das Schutzpapier, das jede Wachsplatte auf der Rückseite hat, erst nach dem Ausschneiden entfernen.

▶ Schmale Wachsstreifen zunächst paarweise abtrennen und dann in einzelne Schnüre teilen um eine Überdehnung zu verhindern.

Taufkerzen

→ in Orange und Blautönen

MATERIAL
LINKS
- ovale Formenkerze in Weiß, 8 cm x 5 cm, 18 cm hoch
- Wachsplatte in Hellgelb und Orange
- Wachsplattenreste in Dunkelblau und Weiß
- runder Wachszierstreifen in Gold, 1,5 mm breit
- 2 runde Wachzierstreifen in Gold, 4 mm breit

MITTE
- runde Kerze in Weiß, ø 6 cm, 28 cm hoch
- Wachsplatte in Türkis, Blau und Weiß
- runder Wachszierstreifen in Gold, 2 mm breit
- 2 runde Wachszierstreifen in Gold, 4 mm breit

RECHTS
- runde Kerze in Weiß, ø 8 cm, 20 cm hoch
- Wachsplatte in Blau meliert
- 2 runde Wachszierstreifen in Gold, 2 mm breit

VORLAGENBOGEN 1A

Taube, Fisch und Wellen (links)

1 Zwei Rechtecke zuschneiden: 4 cm x 7 cm in Orange, 4 cm x 4,5 cm in Gelb, und laut Abbildung anbringen.

2 Einen 15,5 cm langen Längsbalken aus dem breiten Zierstreifen schneiden und entlang des linken Motivrandes anlegen. Danach einen 7 cm langen Querbalken zuschneiden, rechts an der Stoßkante des Motivs ansetzen und nach links weiterführen.

3 Laut Abbildung Wellen legen. Die Taube und die Fische ausschneiden, fixieren und die Kerze mit den dünnen, von der Taube ausgehenden Strahlen versehen. Nach Belieben einen Namensschriftzug anbringen.

Abstrakte Taube (Mitte)

1 Von dem breiten Zierstreifen für das Kreuz einen 15 cm langen Längsbalken und einen 7 cm langen Querbalken zuschneiden und laut Abbildung platzieren.

2 Je drei Rechtecke in Türkis und Dunkelblau, 2,5 cm x 3 cm, fertigen und rechts und links entlang des Längsbalkens positionieren. Die Flügel und den Kopf der Taube ausschneiden und auf dem Hintergrund anbringen. Mit den schmalen Zierstreifen Wellen legen und nach Belieben Schriftzüge anbringen.

Taube und Lebensweg (rechts)

Aus der blauen Wachsplatte nach der Vorlage die Taube fertigen und positionieren. Mit dem Zierstreifen laut Abbildung den „Lebensweg" legen.

Taufkerze in Rosatönen

→ auf das Geschlecht des Kindes abgestimmt

MATERIAL
LINKS
- ovale Kerze in Weiß, ø 4 cm, 24 cm hoch
- Wachsplatte in Rosé und Fuchsia
- Wachsplattenrest in Hellgelb
- runder Wachszierstreifen in Silber, 2 mm breit
- 2 runde Wachszierstreifen in Silber, 3 mm breit

RECHTS
- rechteckige Kerze in Weiß, 8,5 cm breit, 20 cm hoch
- Wachsplatte in Hellgelb, Rosé und Fuchsia
- Wachsplattenrest in Goldgelb und Dunkelrot
- 4 runde Wachszierstreifen in Silber, 2 mm breit

VORLAGENBOGEN 1A

Taube, Kreuz und Wellen (links)

1 Für das Kreuz einen 15 cm langen Längsbalken zuschneiden und mittig auf der Kerze positionieren. Die beiden Hintergrundmotive aus den entsprechenden Wachsplatten zuschneiden und rechts und links vom Längsbalken platzieren.

2 Den Querbalken 5,5 cm lang zuschneiden und auf der Kerze anbringen. Die Taube zuschneiden und aufsetzen. Aus den schmalen Zierstreifen Wellen legen und mit drei Resten den oberen Bereich der Kerze akzentuieren.

Tipp: Tauschen Sie die rosafarbenen Wachsplatten gegen solche in Blautönen aus und Sie erhalten individuelle Taufkerzen für Jungen.

Taube und Fische (rechts)

Nach Vorlage aus den entsprechenden Wachsplatten die Teile für den Motivhintergrund ausschneiden und auf der Kerze fixieren. Mit Zierstreifen die Stoßlinien kaschieren und das Motiv umranden.

Tipp: Taube und Fische zuschneiden und aufsetzen. Mit den schmalen Zierstreifen Strahlen legen. Nach Belieben Schriftzüge aufbringen.

Zur Kommunion

→ traditionelle Symbole modern dargestellt

MATERIAL
LINKS
- runde Kerze in Weiß, ø 6 cm, 28 cm hoch
- Wachsplatte in Rot, Fuchsia und Orange
- Wachsplattenreste in Mattgold, Gold, Apfelgrün und Dunkelgrün
- 3 runde Wachszierstreifen in Gold, 1,5 mm breit

MITTE
- runde Kerze in Weiß, ø 7 cm, 23 cm hoch
- Wachsplatte in Creme und Braun
- Wachsplattenreste in Gelb, Goldgelb und Gold
- runde Wachszierstreifen in Gold, 2 mm breit

RECHTS
- runde Kerze in Weiß, ø 6 cm, 28 cm hoch
- Wachsplatte in Lichtblau, Mint und Lindgrün
- Wachsplattenreste in Gelb, Gold und Weiß
- 4 runde Wachszierstreifen in Gold, 4 mm breit
- 2 runde Wachszierstreifen in Gold, 2 mm breit

VORLAGENBOGEN 1B

Kommunionskerze mit Sonne, Kelch und Fisch (links)

1 Für den Hintergrund Vierecke zuschneiden: in Rot 4 cm x 3,5 cm, in Orange 4,5 cm x 4,5 cm, in Fuchsia, 5 cm x 3 cm. Die Vierecke laut Abbildung auf der Kerze positionieren.

2 Fisch, Kelch, den Kreis für die Sonne sowie das Weintraubenblatt (mit der Nadel) ausschneiden und auf der Kerze fixieren. Aus dem apfelgrünen Wachsplattenrest ca. 30 Kügelchen à 4 mm formen und in Form einer Weinrebe auf der Kerze anbringen.

3 Für die Sonne auf dem gelben Kreis mit Wachszierstreifen eine Spirale legen und acht 2 cm bis 3 cm lange Strahlen darum herum platzieren. Ebenso mit Zierstreifen den Fisch umranden und die Wellen darunter legen.

Kommunionskerze mit Brot (Mitte)

1 Für den Hintergrund ein cremefarbenes Rechteck, 7 cm x 8 cm, zuschneiden und auf der Kerze fixieren. Das Brot ausschneiden und auf der Kerze anbringen. Mit Goldstreifen die Konturen legen.

2 Die Körner ausschneiden und in Form einer Ähre auf der Kerze positionieren. Die Ähren mit Goldstreifen umranden und und wie abgebildet die Grannen legen. Zwischen den Ähren das Kreuz aus Wachsstreifen platzieren. Nach Belieben Schriftzüge aufbringen.

WEITERFÜHRUNG

Zur Kommunion

Kerze mit Kreuz, Kelch und Fisch (rechts)

1 Aus der blauen Platte eine 16,5 cm lange und 6,5 cm breite Grundplatte ausschneiden und an der Schmalseite die Mitte markieren. Aus den mintfarbenen und lindgrünen Platten je einen 16,5 cm langen und 1 cm breiten Streifen ausschneiden und diese auf der blauen Platte rechts und links von der Markierung fixieren.

2 Laut Vorlage mithilfe einer Schablone einen Kreis aus der Grundplatte ausstechen und die gesamte Platte auf der Kerze platzieren. Ein Kreuz aus der gelben Wachsplatte ausschneiden und im Kreisausschnitt platzieren.

3 Das Gesamtmotiv mit den breiten Zierstreifen einfassen. Mit den schmalen Zierstreifen die Stoßkanten kaschieren sowie das Kreuz und den Kreisausschnitt einfassen.

4 Die übrigen Teile nach Vorlage anfertigen und auf der Kerze fixieren.

Moderne Kommunionskerzen

→ Stabkerzen gestalten

MATERIAL LINKS
- runde Kerze in Weiß, ø 4 cm, 40 cm hoch
- Wachsplatte in Creme, Orange und Gold
- 3 runde Wachszierstreifen in Gold, 2 mm breit
- 3 runde Wachszierstreifen in Gold, 3 mm breit

RECHTS
- runde Kerze in Weiß, ø 4 cm, 40 cm hoch
- Wachsplatte in Dunkelblau, Blau, Hellblau und Türkis
- 2 runde Wachszierstreifen in Gold, 2 mm breit

VORLAGENBOGEN 2A

Abstraktes Pax-Zeichen (links)

1 Zwei 3 mm breite Goldstreifen, 17 cm und 14 cm lang, zuschneiden und der Länge nach parallel fixieren. Die Motive in Creme und Orange ausschneiden und laut Abbildung auf die Kerze setzen. Mit schmalen Zierstreifen umranden.

2 Quer in Wellenform einen breiten Zierstreifen anbringen. Den Kelch ausschneiden und platzieren. Nach Belieben Schriftzüge aufbringen.

Fisch und Wellen (rechts)

Den Fisch (dunkelblau) und die Wellen ausschneiden und laut Abbildung auf der Kerze positionieren. Den Fisch mit Zierstreifen umranden. Nach Belieben Schriftzüge aufbringen.

Zu Konfirmation und Firmung

→ festliche Kerzen in Blau und Gold

MATERIAL
LINKS
- runde Kerze in Weiß, ø 7 cm, 20 cm hoch
- Wachsplatte in Gold, Lichtblau, Hellblau und Dunkelblau

MITTE
- runde Kerze in Weiß, ø 6 cm, 25 cm hoch
- Wachsplatte in Weiß, Blau und Gold
- Wachsplattenrest in Gelb
- runder Wachszierstreifen in Gold, 2 mm breit
- 5 runde Wachszierstreifen in Gold, 3 mm breit

RECHTS
- runde Kerze in Weiß, ø 7 cm, 20 cm hoch
- Wachsplatte in Kobaltblau, Hellblau und Gold
- 4 runde Wachszierstreifen in Gold, 2 mm breit

VORLAGENBOGEN 2A

Kerze mit Spiralscheiben (links)

1 Die Wachsplatten in Blautönen der Länge nach halbieren und wie folgt aufeinander legen: Lichtblau, 2 x Hellblau und Dunkelblau. Nun die Wachsplatte vorsichtig zu einer Rolle von ø 2 cm aufdrehen, dabei sollte das Wachs mindestens zimmerwarm sein.

2 Die Wachsrolle ca. eine Stunde in den Kühlschrank legen. Dann mit einem scharfen Messer drei ca. 2 mm dicke Scheiben abschneiden.

3 Aus der goldenen Wachsplatte drei Quadrate, 4,5 cm x 4,5 cm, ausschneiden und in gleichmäßigem Abstand auf der Kerze befestigen. Die Wachsscheiben mittig auf den Quadraten positionieren.

Kerze mit Kelch und Lebensweg (Mitte)

1 Aus der weißen Wachsplatte die Grundplatte, 16,5 cm x 6,5 cm, ausschneiden Die übrigen Teile laut Vorlage aus den verschiedenen Wachsplatten zuschneiden und auf der Grundplatte fixieren. Für die Sonnenstrahlen einen 2 mm breiten Wachsstreifen schneiden und die Strahlen laut Abbildung auflegen.

2 Mit den breiten Zierstreifen die Stoßkanten kaschieren, den Kreisausschnitt umranden und das gesamte Motiv einfassen. Die Goldpartien werden nach der Vorlage mit den schmalen Goldstreifen verziert. Zuletzt wird der „Lebensweg" im Kreisausschnitt mit einem breiten Goldstreifen gelegt.

WEITERFÜHRUNG

Zu Konfirmation und Firmung

Kerze mit geflochtenem Kreuz (rechts)

1 Aus jeder Wachsplatte je einen 13,5 cm langen Längsbalken und einen 9,5 cm langen Querbalken, 1,4 cm breit, ausschneiden. Damit die Streifen verflochten werden können, sämtliche Teile nur leicht auf der Kerze andrücken.

2 Das goldene Kreuz mittig auf der Kerze platzieren, dazu zuerst den Längsbalken, dann den Querbalken anbringen. Danach den blauen Längsbalken 1,5 cm nach oben versetzt entlang der linken Seite des Goldbalkens anlegen. Dabei den linken Teil des goldenen Querbalkens anheben. Anschließend den blauen Querbalken 1,5 cm nach links versetzt oberhalb des goldenen Querbalkens fixieren.

3 Den hellblauen Querbalken 1,5 cm nach rechts versetzt unterhalb des goldenen anlegen, dabei den unteren Teil des blauen Längsbalkens anheben. Zuletzt den hellblauen Längsbalken 1,5 cm nach unten versetzt rechts neben dem goldenen anbringen. Dafür den goldenen Querbalken anheben.

4 Nun das Kreuz fest andrücken und die Stoßkanten mit Zierstreifen kaschieren.

Doppelkerze mit Herzen
→ für Hochzeiten

MATERIAL
- Doppelkerze in Weiß, 12 cm breit, 25 cm hoch
- Wachsplatte in Silber und Gold
- Wachseheringe in Gold

VORLAGENBOGEN 4B

1 Nach der Vorlage die Herzen aus den entsprechenden Wachsplatten ausschneiden und auf der Kerze platzieren.

2 Die Eheringe anbringen und nach Belieben Schriftzüge ergänzen.

Tipp: Diese Kerze können Sie für die erste Hochzeit, aber auch für Silberhochzeit, Goldene Hochzeit usw. anfertigen. Fertigen Sie sie dann z. B. ganz in Silber oder Gold.

Edles zur Hochzeit

→ mit Rosen verziert oder abstrakt

MATERIAL
LINKS
- runde Kerze in Weinrot, ø 7 cm, 22 cm hoch
- Wachsplatte in Creme und Gold
- Wachsplattenreste in Aprikot, Lachs, Rot und Grün
- 3 runde Wachszierstreifen in Gold, 2 mm breit
- runder Wachszierstreifen in Gold, 1,5 mm breit
- Wachseheringe in Gold

RECHTS
- runde Kerze in Weiß, ø 6 cm, 22 cm lang
- Wachsplatte in Creme, Aprikot, Lachs und Rosé
- 3 runde Wachszierstreifen in Silber, 2 mm breit
- runder Wachszierstreifen in Silber, 1,5 mm breit
- Wachseheringe in Silber

VORLAGENBOGEN 3 B

Quadrate und Rose (links)

1 Einen 18 cm langen und 2,5 cm breiten goldfarbenen Streifen zuschneiden und auf der Kerze fixieren.

2 Drei cremefarbene Quadrate, 4,5 cm groß, ausschneiden und im Abstand von 1 cm vom oberen und unteren Goldstreifenrand sowie mit 1 cm Zwischenabstand platzieren. Die Quadrate mit Zierstreifen umranden.

3 Ein lachsfarbenes Quadrat, 2,5 cm groß, und ein aprikotfarbenes Rechteck, 1,5 cm x 2,5 cm, zuschneiden und laut Abbildung platzieren, das Quadrat aber nur leicht aufsetzen.

4 Für die Rose das Blütenteil und das Blatt ausschneiden und positionieren. Das lachsfarbene Quadrat an der entsprechenden Stelle anheben, mit einer dicken Nadel durchstechen und den Zierstreifen für den Blütenstiel durchfädeln. Mit den schmalen Zierstreifen das Blatt umranden und die Konturen auf der Blüte legen. Die Eheringe anbringen.

Kreuz und Rechtecke (rechts)

1 Einen 11 cm langen Längsbalken mittig auf der Kerze platzieren. Einen 3,5 cm langen Querbalken nach links versetzt darauf fixieren. Rechts unterhalb des Querbalkens und links oberhalb des Querbalkens je einen 3,5 cm langen Silberstreifen anlegen.

2 Zwei Streifen, 4,5 cm und 5 cm lang, an der linken Seite parallel zum oberen Teil des Längsbalkens fixieren. Einen 1,5 cm langen Streifen am rechten unteren Teil des Längsbalkens anlegen.

3 Folgende Rechtecke in Creme zuschneiden: 1,8 cm x 2,5 cm (linkes oberes Feld), 1,8 cm x 3,5 cm (rechtes oberes Feld), 1 cm x 1 cm (linkes unteres Feld) und 1,8 cm x 3,8 cm (rechtes unteres Feld).

Yin-Yang-Kerze

→ Zwei werden Eins

MATERIAL
- Formenkerze Yin-Yang in Weiß, 12 cm breit, 27 cm hoch
- Wachsplatte in Gold-Bunt geflammt und Gold
- 3 runde Wachszierstreifen in Gold, 2 mm breit
- Wachseheringe in Gold

VORLAGENBOGEN 4A

WEITERFÜHRUNG
Edles zur Hochzeit

1 Die Motive aus den entsprechenden Wachsplatten ausschneiden und laut Abbildung auf dem jeweiligen Kerzenteil fixieren. Die Formen mit Zierstreifen umranden.

2 Die Eheringe anbringen und nach Belieben mit Schriftzügen ergänzen.

4 Außerdem für das linke untere Feld ein Rechteck in Rosé, 2,5 cm x 4,5 cm, und eines in Lachs, 3,8 cm x 2 cm, fertigen.

5 Desweiteren zwei Vierecke, 2,5 cm x 1,8 cm in Aprikot (rechtes oberes Feld) und 1,5 cm x 1,5 cm (rechtes unteres Feld) in Lachs fertigen. Die Teile gemäß der Abb. platzieren. Die Seiten mit schmalen Zierstreifenstücken akzentuieren und die Eheringe anbringen.

Hochzeitskerzen in Gold und Rot

→ für viele Hochzeiten

Goldene Herzen (links)

1 Das Motiv aus der goldenen Wachsplatte ausschneiden und auf der Kerze fixieren. Die ausgeschnittenen Herzen werden dabei neben die Ausschnitte gesetzt.

2 Das gesamte Motiv mit Zierstreifen einfassen.

Rote und cremefarbene Vierecke (rechts)

1 Die Vierecke zuschneiden: 4,5 cm x 5 cm in Rot, 3,5 cm x 5 cm in Dunkelrot und 4 cm x 4,5 cm in Creme. Zuerst die roten Rechtecke anbringen, darüber das cremefarbene Rechteck setzen.

2 Die Rechtecke mit Zierstreifen einfassen und laut Abbildung weitere Zierstreifen im Konturverlauf des cremefarbenen Feldes aufsetzen. Die Eheringe und nach Belieben Schriftzüge anbringen.

MATERIAL
LINKS
- Kerze in Rot, ø 8 cm, 22 cm hoch
- Wachsplatte in Gold
- 5 runde Wachszierstreifen in Gold, 2 mm breit

RECHTS
- spitzovale Formenkerze in Weiß, 12,5 cm x 7,5 cm, 18 cm hoch
- Wachsplatte in Rot, Dunkelrot und Creme
- 4 runde Wachszierstreifen in Gold, 2 mm breit
- Wachseheringe in Gold

VORLAGENBOGEN 2B

Zarte Hochzeitskerzen

→ in Pastelltönen

MATERIAL
LINKS
- spitzovale Formenkerze in Weiß, 12,5 cm x 7,5 cm, 18 cm hoch
- Wachsplatte in Goldgelb und Lindgrün
- 3 runde Wachszierstreifen in Silber, 2 mm breit
- 2 runde Wachszierstreifen in Silber, 3 mm breit
- Wachseheringe in Silber

RECHTS
- runde Kerze in Weiß, ø 8 cm, 22 cm hoch
- Wachsplatte in Hellgrün und Lindgrün gemustert
- 2 runde Wachszierstreifen in Gold, 2 mm breit
- 2 runde Wachszierstreifen in Gold, 3 mm breit
- Wachseheringe in Gold

VORLAGENBOGEN 2 B

Herzen (links)

1 Aus der grünen Wachsplatte drei Quadrate, 3 cm groß, ausschneiden und im Abstand von 1 cm auf der Kerze platzieren.

2 Aus der gelben Wachsplatte die Herzen zuschneiden und laut Abbildung auf den Quadraten positionieren. Zuerst die Herzen, dann die Quadrate mit Zierstreifen umranden.

3 Die Ringe im mittleren Quadrat anbringen. Abschließend mit den breiten Zierstreifen das Kreuz legen. Nach Belieben Schriftzüge aufbringen.

Kreuz und Blumen (rechts)

1 Nach der Vorlage die Wachsplattenteile fertigen. Bei den Blüten die Mitten herausschneiden. Das grüne und gelbe geschwungene Dreieck auf der Kerze positionieren.

2 Mit doppelten Wachszierstreifen zuerst den Längsbalken, dann den Querbalken im Verlauf der Wachsplattenfelder legen. Zuletzt die Blumen platzieren und die Eheringe anbringen.

Hochzeitskerze mit Calla

→ festliche Blüte

1 Die Motivteile aus den Wachsplatten zuschneiden.

2 Zuerst die Blütenteile auf der Kerze positionieren. Dann mit den schmalen Zierstreifen die Konturen und mit den breiten Zierstreifen die Stiele legen. Anschließend das Blatt und den Blütenstempel platzieren und die Eheringe anbringen.

Tipp: Dieses Motiv kann universell für Hochzeits-, Silberhochzeits- und Goldhochzeitskerzen verwendet werden.

MATERIAL
- dreieckige Formenkerze in Weiß, ø 6 cm, 25 cm hoch
- Wachsplatte in Creme und Dunkelgrün
- Wachsplattenrest in Gelb
- runder Wachszierstreifen in Silber, 3 mm breit
- 2 runde Wachszierstreifen in Silber, 2 mm breit
- Wachseheringe in Silber

VORLAGENBOGEN 3A

Osterkerzen

→ festlich gestaltet

MATERIAL
LINKS
- runde Kerze in Creme, ø 8 cm, 14 cm hoch
- Wachsplatte in Rot
- Wachsplattenrest in Gelb
- 5 runde Wachszierstreifen in Gold, 2 mm breit

MITTE
- runde Kerze in Weiß, ø 7 cm, 17 cm hoch
- Wachsplattenreste in Goldgelb, Grün und Rot
- 5 runde Wachszierstreifen in Gold, 3 mm breit

RECHTS
- runde Kerze in Weiß, ø 7 cm, 17 cm hoch
- Wachsplatte in Gold geflammt, Rot und Gelb

VORLAGEN-BOGEN 3A

Kreuz und Sonne (links)

1 Zunächst das rote Kreuz und den gelben Kreis ausschneiden und laut Abbildung auf der Kerze anbringen. Von dem Kreis ausgehend den Längs- und Querbalken mittig mit Goldstreifen betonen.

2 Auf dem Kreis eine Spirale legen und rundum 3,5 cm lange Strahlen aus Zierstreifen anbringen.

Lebensbaum (Mitte)

1 Zwei 8 cm lange Wachszierstreifen nebeneinander der Länge nach mittig auf der Kerze positionieren. Rechts und links davon je zwei 12 cm lange Streifen in der unteren Hälfte am Stamm anlegen, nach unten als Wurzeln und im oberen Bereich als Äste weiterführen.

2 Den Kreis für die Sonne zuschneiden und auf der rechten Seite positionieren. Die Blätter ausschneiden und laut Abbildung platzieren. Einen 2 mm breiten roten Streifen zuschneiden und damit die Buchstaben Alpha und Omega, 2 cm hoch, legen.

Kreuz und Wundmale (rechts)

1 Aus der geflammten Wachsplatte das Kreuz und einen 2 mm breiten Streifen ausschneiden. Das Kreuz auf der Kerze positionieren. Aus dem Wachsstreifen die Buchstaben Alpha und Omega, 2 cm hoch, legen.

2 Die rote und die gelbe Wachsplatte aufeinander legen und zu einer Rolle von ø 1 cm aufrollen (die Wachsplatten sollten dazu zimmerwarm sein). Fünf ca. 2 mm dicke Scheiben davon abschneiden und als Wundmale auf dem Kreuz fixieren.

Symbolkerzen

→ vielseitig einsetzbar

Kreuz mit Fluss und Fisch (links)

1 Den „Flussverlauf" aus der dunkelblauen Wachsplatte fertigen und laut Abbildung auf der Kerze platzieren. Die Ergänzungsteile von Längs- und Querbalken aus der goldenen Wachsplatte fertigen und auf der Kerze anbringen.

2 Zur Zierde die Wachsstreifen laut Abbildung legen. Zuletzt den Fisch positionieren.

Schiff (rechts)

1 Den Schiffsrumpf aus der goldenen Wachsplatte zuschneiden und auf der Kerze positionieren.

2 Für das Kreuz einen 7,5 cm langen Längsbalken und einen 3,5 cm langen Querbalken aus Zierstreifen legen. Die aus der hellblauen Wachsplatte gefertigten Segel rechts und links vom Kreuz platzieren. Zuletzt die dunkelblauen Wellen fixieren.

MATERIAL
LINKS
- runde Kerze in Weiß, ø 6 cm, 28 cm hoch
- Wachsplatte in Dunkelblau und Gold
- 4 runde Wachszierstreifen in Gold, 2 mm breit

RECHTS
- rechteckige Kerze in Weiß, 8,5 cm breit, 20 cm hoch
- Wachsplatte in Gold und Hellblau
- Wachsplattenrest in Dunkelblau
- runder Wachszierstreifen in Gold, 2 mm breit

VORLAGENBOGEN 4A

Symbolkerzen

→ für Taufe, Kommunion, Konfirmation und Firmung

Kinder, Regenbogen und Taube (links)

1 Die Kleidungsstücke der Kinder aus den entsprechenden Wachsplatten ausschneiden und auf der Kerze positionieren. Kopf, Haare und Gliedmaßen werden laut Abbildung mit Zierstreifen gelegt.

2 Für den Regenbogen in den entsprechenden Farben 0,5 cm breite und 19 cm lange Streifen schneiden und auf der Kerze platzieren. Die weiße Taube zuschneiden und darauf setzen.

Fußspuren und Sonne (rechts)

1 Aus den entsprechenden Wachsplatten verschieden große Kreise schneiden und laut Abbildung aufeinander auf der Kerze fixieren.

2 Mit Zierstreifen jeweils die Konturen einfassen und das Kreuz legen.

3 Die Füße aus der roten Wachsplatte ausschneiden und platzieren. Darüber die Foliensticker kleben. Die Wellen darunter fixieren.

MATERIAL
LINKS
- runde Kerze in Creme, ø 8 cm, 18 cm hoch
- Wachsplatte in Weiß, Goldgelb, Orange, Fuchsia, Hellblau, Blau und Hellgrün
- 4 runde Wachszierstreifen in Silber, 3 mm breit

RECHTS
- runde Kerze in Weiß, ø 5,5 cm, 21 cm hoch
- Wachsplatte in Weiß, Hellgelb, Goldgelb Orange, Rot und Blau
- 3 runde Wachszierstreifen in Gold, 1,5 mm breit
- Foliensticker Füße in Gold

VORLAGENBOGEN 3B

Kerze mit Baum

→ für alle Anlässe

MATERIAL
- runde Kerze in Creme, ø 8 cm, 22 cm hoch
- Wachsplatte in Dunkelgrün, Grün, Apfelgrün, Hellgrün und Mint
- runder Wachszierstreifen in Gold, 2 mm breit

VORLAGENBOGEN 3B

1 Den Stamm zuschneiden und auf der Kerze positionieren.

2 Für die Spiralen Wachsplatten in Dunkelgrün, Grün, Hellgrün, Mint und Grün sowie Apfelgrün und Hellgrün in beliebiger Kombination aufeinander legen und vorsichtig zu drei unterschiedlich dicken Rollen, ø 1 cm bis 1,5 cm, aufrollen. Die Wachsplatten sollten dafür Zimmertemperatur haben.

3 Mit einem scharfen Messer je 2 mm dicke Scheiben abschneiden und vom Stamm ausgehend in Form einer Baumkrone anordnen. Mit den Zierstreifen die Konturen legen.

DIESES BUCH ENTHÄLT 4 VORLAGENBOGEN
Hilfestellung zu allen Fragen, die Materialien und Bastelbücher betreffen: Frau Erika Noll berät Sie.
Rufen Sie an: 05052/911858*   *normale Telefongebühren

IMPRESSUM

FOTOS: frechverlag GmbH, 70499 Stuttgart; Fotostudio Ullrich & Co., Renningen
DRUCK: frechdruck GmbH, 70499 Stuttgart

Materialangaben und Arbeitshinweise in diesem Buch wurden von den Autorinnen und den Mitarbeitern des Verlags sorgfältig geprüft. Eine Garantie wird jedoch nicht übernommen. Autorinnen und Verlag können für eventuell auftretende Fehler oder Schäden nicht haftbar gemacht werden. Das Werk und die darin gezeigten Modelle sind urheberrechtlich geschützt. Die Vervielfältigung und Verbreitung ist, außer für private, nicht kommerzielle Zwecke, untersagt und wird zivil- und strafrechtlich verfolgt. Dies gilt insbesondere für eine Verbreitung des Werkes durch Fotokopien, Film, Funk und Fernsehen, elektronische Medien und Internet sowie für eine gewerbliche Nutzung der gezeigten Modelle. Bei Verwendung im Unterricht und in Kursen ist auf dieses Buch hinzuweisen.

Auflage: 5.   4.   3.
Jahr: 2011 2010 2009   [Letzte Zahlen maßgebend]

© 2007 frechverlag GmbH, 70499 Stuttgart

ISBN 978-3-7724-3656-7
Best.-Nr. 3656